AF240220

RAPPORT

PRÉSENTÉ PAR LA

DÉLÉGATION ÉGYPTIENNE

A LA CONFÉRENCE DE LAUSANNE

LAUSANNE
IMPRIMERIE LA CONCORDE

LETTRE ADRESSÉE PAR LA DÉLÉGATION ÉGYPTIENNE À LA CONFÉRENCE DE LAUSANNE

Lausanne, le 21 novembre 1922.

Monsieur le Président de la Conférence de la Paix,
Lausanne.

Excellence,

Les délégués du peuple égyptien estiment indispensable d'être entendus à la Conférence de Lausanne, car il serait profondément injuste de décider du sort de l'Egypte, sans qu'elle soit admise à faire valoir ses revendications.

Le traitement dont elle a été jusqu'ici victime n'a fait qu'aggraver la situation politique de notre pays. Depuis l'armistice, l'Egypte est en état de trouble et d'anarchie. Cette situation, au double point de vue international et national, présente les plus graves dangers et est de nature à entraîner de redoutables complications. Or le peuple égyptien veut l'ordre et la sécurité. Il importe, dans l'intérêt de la paix mondiale et plus particulièrement dans celui de la paix méditerranéenne, qu'une solution équitable soit enfin trouvée qui satisfasse les différents intéressés et en premier lieu le peuple égyptien.

La Conférence de Lausanne qui se réunit dans le but de substituer au traité de Sèvres un traité qui, d'une part, soit conforme aux principes de droit et de justice, et d'autre part, réponde aux intérêts des Puissances, ferait œuvre incomplète si elle n'abordait l'étude de la question égyptienne pour la résoudre, d'accord avec les représentants du peuple égyptien.

La situation de fait imposée à l'Egypte par l'occupation anglaise de 1882 n'a jamais été une situation de droit ; elle n'a jamais été acceptée par nous, comme elle n'a jamais reçu l'approbation des Puissances européennes.

La situation de fait imposée à l'Egypte en 1914 par la proclamation du protectorat n'a été que le prolongement, avec un caractère d'aggravation, de l'occupation de 1882, et on ne saurait lui reconnaître, malgré les traités de paix, aucun caractère juridique, attendu que l'Egypte, principale intéressée, ne fut même pas consultée.

La situation de fait imposée à l'Egypte par la déclaration faite le 28 février 1922, résultat d'une décision unilatérale de la Grande-Bretagne, et qui ne fait que continuer, sous une forme déguisée, le protectorat, a été de même repoussée par les Egyptiens.

L'Egypte se considère complètement et absolument indépendante. La seule atteinte à cette indépendance est la présence de l'Angleterre chez nous. Or, quels que soient les motifs qui, à l'occasion des traités de paix, ont poussé les alliés à imposer à leurs anciens ennemis l'obligation de reconnaître non pas une situation légale, mais seulement la situation de fait que constituait momentanément le protectorat britannique radicalement nul, nous avons la ferme conviction que la Conférence de Lausanne réparera une injustice flagrante.

L'indépendance de l'Egypte ne menace personne, ni aucun intérêt. Au contraire, la domination d'une puissance quelconque dans la Vallée du Nil ferait courir aux autres Puissances de graves dangers et mettrait en péril d'immenses intérêts, tant moraux que matériels.

C'est contre une telle domination que s'élevait le Protocole de désintéressement signé en 1882 à Thérapia, en stipulant formellement qu'aucune puissance n'aurait le droit de rechercher un avantage particulier au détriment des autres.

La présence d'une Grande-Bretagne, protectrice en titre ou en fait, constituerait pour l'Europe la source d'innombrables difficultés. Ainsi la neutralité du Canal de Suez aurait beau être confirmée, la prédominance politique effective en Egypte d'une puissance comme la Grande-Bretagne rendrait illusoire cette neutralité, et en cas de guerre le pays dont les soldats se trouveraient déjà sur les bords du canal tiendrait une des clefs de la Méditerranée, et non la moins importante.

Nous n'avons voulu, pour le moment, qu'attirer l'attention des Puissances sur une situation particulièrement délicate. Si pour nous, Egyptiens, l'indépendance que nous revendiquons parce que nous y avons droit de toutes façons, est envisagée comme un problème vital, comme l'élément essentiel d'une existence nationale normale, pour l'Europe l'indépendance de l'Egypte doit être considérée comme facteur capital de la paix en Orient et de la sécurité de la Méditerranée. La question d'Egypte n'est donc pas un problème de politique intérieure britannique. La question d'Egypte n'est pas un de ces problèmes qui peut être résolu par la volonté d'un seul. L'Europe est intéressée tout entière à ce que la paix soit rétablie. Et comment rétablir la paix dans une Egypte qui réclame inlassablement son indépendance, sans traiter loyalement avec elle ?

A la Conférence de Lausanne, l'Egypte doit prendre place. Il s'agit avant tout pour elle de défendre sa nationalité et de réaliser son indépendance. Mais les hommes d'Etat éminents qui sont appelés à diriger les travaux de la Conférence ne voudront pas que cette représentation soit fictive. Pour être utile, il faut qu'elle soit réelle. Il faut que les vrais représentants de l'Egypte puissent parler en son nom. Cette tâche ne saurait être assumée par des personnalités sans autre mandat que celui qui leur est conféré par le gouvernement britannique, lequel tente de faire admettre au sein de la Conférence de Lausanne une délégation envoyée par le gouvernement égyptien. Contre cette tentative, notre devoir à nous, véritables représentants du peuple égyptien, est de mettre en garde les représentants des Puissances à la Conférence, afin que ne soit pas renouvelée, en ce qui concerne notre pays, l'erreur si coûteuse en argent et en vies humaines, qui dressa contre l'infime minorité de Constantinople, la majorité immense d'Angora.

Seule la délégation dont Saad Zagloul Pacha actuellement exilé à Gibraltar est le président, a reçu de la nation le mandat de parler en son nom. Nous avons donc l'honneur de demander aux représentants des Puissances à la Conférence de nous admettre comme étant seuls qualifiés pour discuter librement au nom du peuple égyptien.

Pour SAAD ZAGLOUL PACHA,

Président de la Délégation égyptienne :

Le Président p. i.,

(*signé*)   HASSAN HASSIB.

RAPPORT

de la Délégation Egyptienne à la Conférence de Lausanne.

L'Egypte est indépendante.

Statut juridique de l'Egypte.

Le statut juridique de l'Egypte est régi par la Convention de Londres du 15 juillet 1840, complétée par les firmans impériaux. Il s'ensuit que la situation politique ne saurait être modifiée que par une entente internationale. La volonté unilatérale d'une puissance signataire de ces actes ne peut, à elle seule, changer le caractère international de la quesion d'Egypte.

La discussion de cette dernière ne saurait d'ailleurs avoir lieu hors de la présence et sans le consentement des Délégués réels du peuple égyptien. Et il ne peut en être autrement car l'Egypte serait en droit de considérer toute décision éventuelle à son sujet comme une *res inter alios acta*, ne l'engageant pas.

De 1840 à 1882.

Le 16 juillet 1840, et après que l'Egypte eut conquis son indépendance, l'Europe lui imposa la Convention de Londres qui est devenue sa Charte originelle.

Sa Charte constitutive est le firman du 13 février 1841, confirmé et complété par celui du 1er juin 1841.

Par ces actes et les divers firmans d'investiture des Khédives, en date des 27 mai 1866, 8 juin 1873, 7 août 1879 et 27 mars 1892, l'Egypte a acquis une autonomie intérieure complète, confinant à l'indépendance.

Elle était libre de se donner des lois, d'organiser son administration civile et financière, de contracter des conventions douanières et commerciales avec les Puissances, d'entretenir une armée et de frapper monnaie.

Jamais au cours du XIXe siècle, les Puissances n'ont songé à modifier les décisions prises à la Conférence de Londres. Tout au contraire, lors de la rédaction des divers firmans, elles ont discuté et approuvé les termes employés.

D'ailleurs la suzeraineté turque ne fut jamais une gêne sérieuse pour la souveraineté de l'Egypte, et aujourd'hui même elle ne constitue plus qu'un lien nominal dont la Turquie ne cherche plus à se prévaloir, surtout que ses hommes d'Etat responsables ont admis et reconnu le principe de la libre disposition des peuples.

Ainsi le droit de l'Egypte à l'indépendance est indiscutable. A soutenir la thèse contraire on ne saurait apporter aucun argument valable ni en droit ni en fait. Et pourtant, en dépit des traités et conventions qui vont de 1840 à nos jours, *l'Angleterre seule* s'oppose à la réalisation effective de cette indépendance.

Occupation britannique de 1882.

Prenant prétexte de troubles purement intérieurs, n'intéressant que l'Egypte, l'Angleterre y débarqua des troupes, soi-disant pour rétablir l'ordre ; mais cette occupation était contraire aux termes du *protocole de désintéressement* signé par elle le 25 juin 1882.

« Les Gouvernements représentés par les soussignés, dit le texte de ce protocole, s'engagent dans tout arrangement qui pourrait se faire par suite de leur acte concerté pour le règlement des affaires de l'Egypte, à ne chercher aucun avantage territorial, ni la concession d'aucun privilège exclusif, ni aucun avantage commercial pour leurs sujets que ceux que toute nation ne puisse également obtenir. »

Malgré cet engagement international, l'Angleterre a occupé l'Egypte et continue encore son occupation, anormale en fait et inexistante en droit.

❋ ❋ ❋

La prolongation de cette occupation militaire peut-elle conférer à la mainmise anglaise une légitimité quelconque ? Aucunement. (Article 4 de la Convention de la Haye.) L'Angleterre ne peut prétendre que l'Egypte était une « res nullius » pouvant appartenir au premier occupant ; ni qu'elle s'en est emparée par voie de conquête ; ni alléguer enfin qu'elle ait reçu mandat des Puissances signataires de la Convention de Londres pour agir en leur nom.

L'illégitimité de son occupation est telle que ses hommes d'Etat, eux-mêmes, par plus de soixante-cinq déclarations solennelles ont constamment affirmé à la face du monde, ce que disait, dès le 21 septembre 1881, Sir Edward Malet au Sultan, savoir : « Que la Grande-Bretagne ne désire ni occuper, ni annexer l'Egypte. »

L'Angleterre fixa même une date, celle du 1er janvier 1888, à son évacuation.

Le 23 juin 1884, Gladstone déclarait à la Chambre des Communes qu'il prenait l'engagement de ne pas prolonger l'occupation militaire en Egypte au delà du 1er janvier 1888, ajoutant que si « nous avions l'intention de paralyser l'action des Puissances par notre résistance, lorsque le moment sera venu de s'exécuter, si nous avions de pareilles idées, il n'y aurait plus à parler de l'honneur de notre pays. »

C'est donc l'Angleterre qui reconnaît elle-même la première que son occupation n'est point légitime, et qui, pour souligner ce caractère, met en balance son honneur.

Accord franco-anglais de 1904.

L'accord franco-anglais de 1904 n'a pas déterminé de changement dans le caractère juridique de l'occupation anglaise pour deux raisons. « La première, écrit M. de Freycinet, c'est que la France ne peut pas, le voulût-elle, produire un pareil changement. La France unie à l'Angleterre sont sans compétence et sans droit. L'Angleterre elle-même l'a si bien senti — et c'est la seconde raison — qu'elle déclara en tête de l'article 1er de l'accord, qu'elle n'a pas l'intention de changer l'état politique de l'Egypte. »

Protectorat.

De même, la déclaration unilatérale du protectorat anglais, en date du 18 décembre 1914, n'a pas changé le caractère illégitime de l'occupation britannique, ni modifié le Statut international de l'Egypte.

Le protectorat qui, par son essence, exige une entente préalable entre Etat protecteur et Etat protégé, n'a jamais eu l'assentiment des Egyptiens.

Et les efforts déployés par la Grande Bretagne, à Versailles, à Saint-Germain et à Sèvres, pour obtenir le consentement de ses ennemis d'alors, relativement au dit protectorat, n'ont pas empêché les Egyptiens d'invoquer, à juste droit, sa nullité.

Prétentions actuelles de la Grande-Bretagne.

La Déclaration britannique du 28 février 1922.

Sous la pression des événements survenus en Egypte depuis l'armistice, l'Angleterre a essayé une première fois de négocier avec Saad Zagloul Pacha. N'ayant pu tomber d'accord avec lui sur la base d'une indépendance de nom et d'un protectorat de fait, elle essaya d'obtenir par d'autres négociations avec le Ministère Adly, ce qu'elle n'avait pu réaliser avec Saad Zagloul Pacha. Et quel que fût le désir de ce Ministère d'arriver à tout prix à un accord avec la Grande Bretagne, il dut en présence d'une unanimité de l'opinion publique égyptienne, rejeter les bases du traité que Lord Curzon lui avait soumis, en novembre 1921. Devant une telle situation la Grande Bretagne déclarait, d'une part, pour faire dévier le mouvement national, et d'autre part, pour se gagner l'opinion publique européenne, que l'Egypte était devenue un Etat souverain et indépendant. Mais si elle reconnaissait, par sa déclaration du 28 février 1922, le droit de l'Egypte à l'indépendance, elle y apportait certaines réserves qui rendaient illusoire la souveraineté du pays, tant à l'intérieur qu'à l'extérieur : savoir : 1) la sécurité des communications de l'empire britannique, 2) la défense de l'Egypte contre toute agression ou ingérence étrangère, directe ou indirecte, 3) la protection des intérêts étrangers et des minorités, 4) le Soudan.

Cela est si vrai, que dans la circulaire, adressée par M. Lloyd George aux Dominions, le même jour que cette déclaration, la Grande Bretagne avouait nettement que rien n'était changé au protectorat anglais sur l'Egypte.

Atteintes à la souveraineté intérieure.

En réservant le problème de la sécurité de ses communications en Egypte, la Grande Bretagne prétend y maintenir des forces militaires.

Or, on ne peut soutenir que la présence de telles forces puisse se concilier avec le droit de souveraineté ; ceci au point de vue absolu. Mais même du point de vue relatif, et à supposer que l'Angleterre eût été justifiée à assurer ses voies de communications par l'Egypte, elle ne pourrait le faire que par le Canal de Suez, dont la neutralité fournit à cet égard toutes les garanties voulues. Le 29 octobre 1888 une Convention était signée à Constantinople par la France, l'Italie, l'Allemagne, l'Autriche-Hongrie, la Russie, les Pays-Bas, la Turquie et la Grande Bretagne elle-même qui déclarait neutre le Canal de Suez, considéré comme voie ouverte à toutes les nations.

Vouloir donc conserver une situation privilégiée en Egypte et, par conséquent, une situation privilégiée dans le Canal de Suez, c'est vouloir en fait violer la neutralité du Canal consacrée par la Convention de 1888.

Il est vain de soutenir que cette neutralité serait sauvegardée si des troupes britanniques n'étaient pas cantonnées dans le voisinage immédiat du Canal.

Ce qui est significatif c'est que la Grande Bretagne, ainsi qu'il ressort à l'évidence des termes du projet Curzon, base de la Déclaration du 28 février 1922, ne se contente pas de vouloir assurer ses communications par la voie du Canal, mais elle veut encore les assurer à l'intérieur de l'Egypte. Ses troupes qui ne peuvent ouvertement, à cause de la Convention de neutralité, surveiller la route entre les deux mers, occuperont ainsi le territoire égyptien et auront, en fait, la libre disposition et du Canal et de toutes les autres voies terrestres, fluviales et aériennes.

L'évacuation de la Vallée du Nil est donc la première des conditions exigées par la nation égyptienne. Cette évacuation correspond également aux intérêts de l'Europe. « C'est un principe inviolable de la politique européenne que l'Egypte ne doit appartenir à aucune des Grandes Puissances, écrit M. de Freycinet. Sa possession offrirait de tels avantages que l'équilibre serait rompu entre les Etats. Aux mains d'un seul, l'Egypte devient une menace pour les intérêts de tous. »

⊛ ⊛ ⊛

Après la sécurité des communications impériales vient la protection des étrangers. Or dès avant l'occupation, on chercherait en vain l'ombre de mandat confié par les Puissances à la Grande Bretagne pour les représenter dans la Vallée du Nil. La vérité est qu'après avoir réussi à mettre complètement la main sur le gouvernement de l'Egypte, elle cherche à contrecarrer les intérêts étrangers pour mieux asseoir sa domination.

Cette prétention précise, complète et organise les modalités du protectorat effectif sur l'Egypte. Elle achève de rendre dérisoire notre indépendance en substituant au régime des capitulations un régime exclusivement britannique, et en réunissant entre les mains d'un seul Commissaire financier britannique les pouvoirs détenus actuellement par les Commissaires de la Dette Publique.

Dans le projet Curzon, sur les bases duquel le gouvernement britannique a fait sa déclaration du 28 février, et qu'il entend que soit organisée l'indépendance de l'Egypte, il était prévu la création de deux Commissaires judiciaire et financier anglais.

Le Commissaire judiciaire, d'après le texte anglais, avait à veiller à « l'administration, de la loi en toute matière affectant les étrangers. »

Or du point de vue étranger, cette surveillance n'a aucune utilité, attendu que les privilèges capitulaires des étrangers se rattachent :

1. à la législation,
2. à l'administration de la justice.

Pour le premier point, les intérêts des étrangers sont sauvegardés par le régime même des Capitulations. On leur applique en matière civile (Tribunaux mixtes) des lois agréées préalablement par les puissances intéressées, et en matière pénale (Tribunaux consulaires) leurs propres lois.

Pour le second point, les lois et règlements les affectant sont appliqués par les Tribunaux mixtes qui, comme tout pouvoir judiciaire, constituent un organisme indépendant dont les décisions échappent à l'ingérence du Ministère de la Justice et du pouvoir exécutif en général.

Le rôle que l'on attribue au Commissaire judiciaire n'est donc qu'un rôle politique qui lui permet de s'ingérer dans l'administration intérieure du pays.

❈ ❈ ❈

Si du point de vue législatif et judiciaire, la création d'un Commissaire judiciaire est une contradiction flagrante aux principes les plus élémentaires de la souveraineté nationale, il en est exactement de même, du point de vue financier, pour la création d'un Commissaire financier.

Dans l'intention du Gouvernement anglais, le Commissaire financier britannique aurait principalement pour attribution de réunir entre ses seules mains les pouvoirs actuellement exercés par les Commissaires de la Dette Publique, et d'être « pleinement informé de toutes les matières du ressort du Ministère des Finances auprès duquel il aura droit d'accès à tout moment, de même qu'auprès du Président du Conseil. »

Au cas où les Puissances entendraient maintenir l'institution de la Caisse de la Dette, l'Egypte insiste pour que cette institution conserve son caractère international et pour que les pouvoirs des Commissaires ne passent pas aux mains d'un seul fonctionnaire britannique.

Il est évident, d'autre part, que de demander au Ministre des Finances de mettre au courant de toutes les affaires de son département le Commissaire financier, c'est l'obliger à ne prendre aucune mesure sans l'en informer. Une telle mise au courant s'étendra fatalement, en fait, à tous les Ministères dont celui des Finances est le régularisateur. Et par là le libre jeu de nos institutions parlementaires serait paralysé ou tout au moins entravé.

Ainsi donc, sur ces différents points l'exercice de l'indépendance réelle de l'Egypte correspond aux intérêts réels des Puissances. Cette indépendance peut être assurée, et doit l'être, sans l'intervention britannique sous quelque prétexte que ce soit, les Puissances ayant actuellement leurs pleines garanties dans le fonctionnement des Tribunaux mixtes et la Caisse de la Dette Publique.

❈ ❈ ❈

Après les étrangers, la Grande-Bretagne émet la prétention de défendre les minorités en Egypte. Or, il n'existe pas de minorités ethniques en Egypte. Coptes et Musulmans forment une seule et même race et n'ont, depuis des siècles, qu'un seul et même idéal, les mêmes traditions, les mêmes obligations et les mêmes droits. Au surplus, les Coptes, qui forment un peu moins que la dixième partie de la population générale du pays, loin de solliciter la protection anglaise, sont les plus ardents à réclamer l'indépendance complète de l'Egypte. Les premiers, lors de la récente élaboration du projet de Constitution, ils ont demandé que fut écartée absolument toute allusion à une protection spéciale des minorités.

La protection des minorités qu'entend se réserver la Grande Bretagne constitue donc une arme politique extrêmement dangereuse qui lui permettra d'intervenir dans nos affaires intérieures et de menacer, sous une forme nouvelle, l'exercice de notre indépendance.

Atteintes à la souveraineté extérieure.

L'Angleterre, pour maintenir l'Egypte sous sa tutelle, à l'égard des Puissances, allègue le souci de sa défense contre toute agression ou ingérence étrangère directe ou indirecte. Par cette tutelle elle refuse à l'Egypte toute liberté d'action, militaire ou politique. Elle prétend nous défendre contre toute agression étrangère pour pouvoir plus sûrement s'interposer entre nous et les Puissances, qu'il s'agisse de négocier des traités politiques ou toutes autres conventions.

Après avoir rendu illusoire notre indépendance, l'Angleterre signifie à l'Europe que, maîtresse de l'Egypte, elle la prend sous sa protection ; qu'elle seule peut traiter valablement pour ce pays et que rien ne saurait être fait sans son approbation préalable.

La situation qui était faite à l'Egypte sous l'occupation devient plus dure encore ; le protectorat s'affirme avec toutes ses caractéristiques, empêchant que des relations normales puissent s'établir jamais entre l'Egypte et les Gouvernements étrangers.

La situation économique et financière de l'Egypte.

Afin de justifier le maintien de leur occupation les Anglais représentent l'Egypte moderne comme étant leur œuvre et prétendent que s'ils évacuaient la Vallée du Nil, les capitaux étrangers engagés en Egypte courraient de grands dangers.

Rien n'est plus inexact.

Il suffira pour le démontrer d'établir une rapide comparaison entre ce qui a été réalisé avant l'occupation et ce qui a été fait depuis.

I. Avant l'occupation.

L'Egypte est entrée dans le giron de la civilisation actuelle au début du siècle dernier. A l'avènement de Mohamed Ali, elle se trouvait dans une situation difficile ; mais dans un temps relativement très court, le pays avait pris un essor tel que vers la fin de son règne, le chiffre de la population avait plus que doublé et celui du commerce sextuplé. Mohamed Ali fut aidé dans sa tâche par un peuple actif, intelligent, soucieux de continuer et de compléter les grandes traditions de son histoire.

Mohamed Ali n'a pas seulement doté sa patrie d'une armée, d'une flotte et d'une marine marchande, mais il a apporté l'ordre là où l'anarchie régnait. Il perça des canaux, jeta les bases des ports d'Alexandrie et de Suez, construisit un arsenal, un Hôtel des Monnaies, des ponts et les barrages du Caire. Il stimula l'industrie et introduisit en Egypte des cultures industrielles parmi lesquelles de nouvelles variétés de coton, qui généralisées plus tard prospérèrent de telle façon que l'économie rurale de l'Egypte fit d'immenses progrès.

Cela sans compter la création de nombreuses écoles et l'envoi de missions scientifiques en Europe.

Ses successeurs, poussés par l'ardente émulation du peuple, suivirent la même voie et s'efforcèrent de compléter son œuvre. D'autres travaux furent exécutés, tels que la construction de la ligne de chemin de fer d'Alexandrie au Caire en 1854, avant que beaucoup de pays européens connussent le chemin de fer. Les voies de communication fluviales et terrestres furent multipliées. L'irrigation fut améliorée par l'adoption du système plus savant de l'irrigation pérenne. On creusa des drains. Le Canal de Suez fut achevé.

Sans doute, il y eut des hésitations et des erreurs commises dans la gestion des finances sous le règne du Khédive Ismaïl qui dut, pour faire face aux dépenses, emprunter un peu partout. Et si les emprunts qu'il fut obligé de conclure, compromirent les finances publiques, il eût été possible néanmoins d'y remédier par une administration locale mieux organisée. Mais,

...ration de la ... de la Dette Publique et la Loi de Liquidation ...... crise financière et contribuèrent à assainir la situation.

Quoiqu'il en soit lorsque les Anglais prirent en mains en 1882 l'administration du pays, ils se trouvèrent en face d'un gouvernement à rouages modernes.

II. Pendant l'occupation.

L'action de la Grande Bretagne en Egypte depuis 1882 a été surtout dirigée dans le sens de ses intérêts propres. Si pendant cette longue période de quarante ans, le pays a progressé au point de vue matériel, il le doit d'une part à la loi naturelle de l'évolution qui régit le monde, et d'autre part à l'abondante richesse de son sol.

Les Anglais, pour avoir en mains la direction des affaires égyptiennes nommèrent un Conseiller financier britannique qui avait le contrôle absolu du budget général lequel ne pouvait plus être préparé désormais sans son consentement.

Maître absolu des finances égyptiennes, ce Conseiller empiéta sur les droits et prérogatives de la Caisse de la Dette. Il gaspilla une somme de 14 millions de Livres dont une partie dans des spéculations malheureuses sur les titres du Transvaal et des Consolidés anglais.

Si les recettes budgétaires augmentèrent d'année en année, ce fut grâce au développement naturel de la production agricole, à la hausse du prix du coton et à l'essor de plus en plus large du commerce en général. Néanmoins les travaux d'utilité publique furent rares pendant toute cette période et il existe de toute évidence un gaspillage systématique des fonds publics. Ainsi, malgré un budget qui a atteint plus de 35 millions de Livres, et alors que les dépenses de l'armée et de l'instruction publique sont relativement minimes (les dépenses de l'instruction publique ne figurent que pour le 2 ½ % sur les recettes générales) et que celles de la marine et de l'hygiène sont presque nulles, la Dette publique reste au même point, après quarante années d'occupation, ou peut-être à cause d'elle.

En 1876, l'Egypte avait une dette de 91 millions de Livres. Sur les recettes budgétaires de 1877 qui étaient de L. E. 9 543 000, une somme de L. E. 7 473 000 servait au paiement des coupons de l'emprunt. Aujourd'hui, le budget est près de 35 millions de Livres et les arrérages de l'emprunt ne sont que de L. E. 4 088 000. La charge qui se montait à 89 % des recettes de l'Etat en 1877 n'est plus que de 12 % environ.

Une bonne partie de la Dette Publique est détenue par les Egyptiens eux-mêmes. Cette dette est insignifiante par rapport au patrimoine national et elle ne constitue qu'une charge légère puisqu'elle ne représente que le 9 ⅓ %, alors que la dette des divers Etats depuis la guerre a atteint des proportions infiniment plus considérables : 24 % pour les Etats-Unis, 45 % pour l'Angleterre, 53 % pour la France, 115 % pour l'Italie, etc. [1]

La situation économique et financière de l'Egypte est en soi des plus saines. Que le pays réalise son indépendance et il sera naturellement amené à faire de la bonne politique pour avoir de bonnes finances. Alors libre d'une tutelle injustement imposée, il pourra développer logiquement les rapports commerciaux et financiers qu'il entretient avec les Puissances étrangères, mais que la gestion politique anglaise n'a que trop tendance à combattre aujourd'hui.

---

[1] Ces calculs ont été établis par M. Raffalovitch en 1920. Voir aussi *Le problème monétaire fiduciaire*, par MM. Berges et Bresson (1920).

Le Soudan.

Le Soudan fait partie de l'Egypte depuis un temps immémorial. En 1883, sous la pression du Gouvernement britannique, l'Egypte dut évacuer le plupart des provinces soudanaises, mais avec la ferme intention de les réoccuper à la première occasion.

Cette intention est mise en pleine lumière par la démission du cabinet Cherif Pacha qui préféra quitter le pouvoir plutôt que de souscrire à l'abandon, même momentané, du Soudan.

Et c'est en ces termes que Riaz Pacha, Président du Conseil, parlait de l'évacuation en s'adressant au représentant britannique : « Jamais le Gouvernement de Son Altesse ne consentira de son plein gré, et sans y être contraint, à un pareil attentat à son existence ».

Même aux yeux de l'Europe, les provinces soudanaises momentanément abandonnées, n'avaient pas cessé d'être égyptiennes. Lors des incidents de Fachoda, Lord Salisbury déclarait à l'Ambassadeur de France, le 12 octobre 1898, que la Vallée du Nil avait appartenu et appartenait toujours à l'Egypte et que toute diminution, que la conquête et l'occupation du Mahdi avaient pu faire subir à ce titre de propriété, avait disparu du fait de la victoire remportée sur le Mahdi à Omdurman.

L'accord de 1899, imposé à l'Egypte par l'Angleterre et qui organise le condominium anglo-égyptien n'a pas enlevé à l'Egypte ses droits sur le Soudan. Lord Cromer, signataire de cette Convention, reconnaissait dans ses rapports de 1901 et de 1903 que l'objet principal de la dite Convention était d'épargner au Soudan le régime des capitulations. « Si cette considération, disait-il, n'existait pas, il n'y aurait pas eu de raison au point de vue anglais pour que le drapeau britannique fut hissé à Khartoum plutôt qu'à Assouan ou à Tantah »

En effet, la Grande Bretagne, lors de la reprise du Soudan, n'a fait qu'assister l'Egypte à titre d'alliée de « fait » et non pour son propre compte, ou même pour le compte d'une association, mais dans le seul but de rétablir l'autorité égyptienne, comme le déclarait Lord Kitchener, chef de l'armée expéditionnaire. Cette situation de droit ressort du fait même que le coût des travaux de développement économique du Soudan, ainsi que le déficit des budgets successifs, s'élevant à la somme de 11 millions de Livres égyptiennes, ont été payés par l'Egypte seule.

Du point de vue de la simple participation dans l'administration du Soudan, l'accord de 1899 est radicalement nul, l'Egypte ne pouvant, de par les firmans impériaux, renoncer même à une partie de ses droits sur son territoire.

Dans sa déclaration à l'Egypte du 28 février, la Grande-Bretagne avait également réservé la question du Soudan, entendant par là maintenir en vigueur le dit accord de 1899, dans le but de continuer en fait à administrer le Soudan à son bénéfice exclusif.

Or, le Soudan étant la vie même de l'Egypte en raison du Nil, la mainmise de l'Angleterre sur cette contrée est une atteinte directe à notre indépendance et même à notre existence.

En effet : « Quel que soit le nom qu'on lui donne, la terre arrosée par le Nil, depuis les montagnes d'Abyssinie et les Grands Lacs jusqu'aux bords de la Méditerranée, écrivait le Conseiller financier anglais auprès du Gouvernement égyptien, le 14 décembre 1904, forme un ensemble intégral et indivisible. Maintenant que la science de l'ingénieur est parvenue à un si haut degré, c'est à la puissance dont la domination est établie sur le Haut Nil qu'appartient le contrôle des eaux de l'Egypte. *La Possession du Soudan est nécessaire à l'Egypte, plus nécessaire même que la possession d'Alexandrie.* »

D'autre part, les Soudanais et les Egyptiens ont entre eux de multiples affinités : mœurs, langue, religion.

Du reste, depuis que le mouvement national s'est déclanché, les habitants du Soudan ont toujours fait cause commune avec les Egyptiens, malgré les terribles mesures de rigueur dont ils furent victimes.

En demandant que le Soudan soit exclusivement égyptien nous entendons d'ailleurs l'associer à nous et lui reconnaître tous nos droits.

Conclusion.

De quelque façon que l'on veuille présenter la question égyptienne, il est impossible que l'on puisse avancer un argument valable pour justifier la mainmise de la Grande Bretagne sur la Vallée du Nil. L'étiquette importe peu. Pour l'Angleterre les mots d'occupation, de protectorat ou d'indépendance représentent une seule et même chose : la domination apparente ou déguisée.

Mais les Egyptiens dont les sacrifices et les souffrances, depuis la guerre et plus particulièrement depuis l'armistice, ne se comptent plus, sont décidés à repousser de toutes leurs forces l'injuste volonté qui les condamne à l'esclavage. La lutte sans répit que depuis cinq ans ils soutiennent pour le triomphe de leur indépendance effective, ils la continueront jusqu'au bout. Ils ont connu pendant ces cinq ans les pires tyrannies sous le régime terroriste de la loi martiale britannique en vigueur jusqu'à ce jour, ils ont affronté la mort et combien d'entre eux sont tombés, victimes innocentes, sous les balles des mitrailleuses britanniques fauchant de pacifiques manifestants. Ils n'ont pas connu le découragement, alors même qu'au Congrès de Versailles la conspiration du silence se faisait autour de leur délégation. Ils ne l'ont pas connu davantage lorsque ce régime de terreur les condamnait à la prison et au bannissement. Ils ne le connaissent pas davantage aujourd'hui que leur chef Zagloul Pacha et plusieurs de ses amis sont en exil pour avoir refusé de souscrire à la volonté britannique. Les ministères se suivent sans qu'il leur soit possible de gouverner pour le compte de la Grande Bretagne. La vie du pays, est arrêtée, et que d'intérêts sont en souffrance !

Le mouvement national en Egypte a acquis une profondeur et une étendue qu'il serait imprudent de méconnaître. A l'heure actuelle l'agitation des esprits est extrême, mais elle n'a rien d'impulsif. Tout est réfléchi et les résolutions nationales sont prises en complète connaissance de cause. Si notre peuple si tranquille et de mœurs si pacifiques s'est organisé spontanément et irrésistiblement pour la défense contre la domination étrangère, c'est qu'il est décidé à s'opposer, coûte que coûte, par tous les moyens en son pouvoir à une nouvelle injustice.

Il nous est pénible de penser que la volonté britannique puisse avoir raison indéfiniment de l'équité et que l'Egypte doive payer de sa liberté perdue, de son honneur national méconnu et de son existence même, le triste privilège d'être sur la route des Indes.

En tout cas, nous nous refusons à croire qu'il suffit de l'accord des intérêts pour créer contre le Droit permanent un ordre nouveau. Les intérêts ne sont pas la mesure des principes, mais les principes sont la règle des intérêts. Aucune volonté au monde, fût-ce la volonté de toutes les Puissances coalisées, ne pourra faire que le Droit ne soit plus le Droit et que les Egyptiens renoncent à leur idéal.

L'Egypte avait ajouté foi aux déclarations des chefs d'Etat qui assuraient que l'on combattait pour le triomphe des principes de droit et de justice et pour l'émancipation de tous les peuples. Mais seule elle a vu, au lendemain de la guerre, sa situation empirer après qu'on ait refusé systématiquement d'écouter les revendications de ses représentants qualifiés.

La Conférence de Lausanne a donc la possibilité de rétablir la paix en Egypte, qui est un des pivots de la politique orientale, et de mettre ainsi fin à une situation non seulement irritante en soi, mais aussi par l'inévitable répercussion qu'elle est appelée à avoir dans le bassin africain et asiatique de la Méditerranée.

Confiante dans la volonté des Puissances de réaliser enfin en Orient une paix générale et sincère, la Délégation égyptienne, au nom du peuple égyptien, demande :

1. La reconnaissance de l'indépendance complète de la Vallée du Nil (Egypte et Soudan).

2. L'évacuation de toute la vallée du Nil par les troupes britanniques.

3. Le maintien de la neutralité effective du Canal de Suez et que la garde de cette neutralité soit confiée à l'Egypte.

Lausanne, le 19 décembre 1922.

Pour SAAD ZAGLOUL PACHA,
Président de la Délégation Egyptienne :

Le Président p. i.,

(signé) HASSAN HASSIB.

www.ingramcontent.com/pod-product-compliance
Lightning Source LLC
LaVergne TN
LVHW021500060726
842527LV00006B/2355